AF313753

LETTRE

DE

M. DE FONTETTE,

INTENDANT DE CAËN,

*A M***.*

Avec son Mémoire pour justifier la construction & l'entretien des grands chemins dans la Généralité de Caën.

LETTRE

DE

M. DE FONTETTE,

INTENDANT DE CAËN,

A M***.

J'AI l'honneur de vous envoyer, Monsieur, le Mémoire ins-
tructif de ma conduite sur le fait
des grands chemins & des corvées.
Vous verrez facilement qu'il n'est
pas étudié, & en effet je l'ai fait
dans le moment que les Arrêts de
la Cour des Aides & du Parlement
ont paru ; M. le Contrôleur-
Général & tous les Ministres l'ont

fort approuvé , de forte que je puis me flatter d'être bien juſtifié. J'ai demandé de plus des Commiſſaires du Conſeil pour les autres objets de plaintes que je ne connois point, & qui auront ſans doute le même ſort que celui-ci qui étoit ſi monſ-trueux. Je me fais un devoir eſſentiel de détromper ceux à qui les Arrêts rendus contre moi auront pu faire impreſſion , & principalement mes amis.

J E ſuis avec un reſpectueux attachement , Monſieur , votre très - humble & très - obéïſſant ſerviteur,

FONTETTE.

A Tilly le 18. Août 1760.

MÉMOIRE

POUR justifier la construction &
l'entretien des grands chemins
dans la Généralité de Caën.

LA construction & l'en-
tretien des grands che-
mins regardent uniquement le
Conseil, rien ne se fait que rélativement aux ordres qui en sont
émanés , parce que c'est une partie d'administration qui dépend ,
d'un côté des fonds que le Conseil
donne à chaque Province pour

A iij

les objets qui ne font pas fufcep-
tibles d'être faits par corvées , &
d'un autre côté de la force des
Paroiffes , tant par rapport à la
population , que par rapport au
local dont la différence en exige
néceffairement dans les contributions ; auffi n'y a-t-il point de loi
générale à ce fujet , & jamais
les Cours des Parlements ni des
Aides n'ont prétendu en prendre
connoiffance ; c'eft pourquoi le
Confeil a caffé l'Arrêt de la Cour
des Aides du 15. Juillet & celui
du Parlement du 19 ; mais en
réprimant l'entreprife qu'ils ont
voulu faire fur l'autorité Royale,
il eft jufte en même-temps d'exa-
miner fi les abus & les vexations

dont ils se plaignent ont quelque fondement , afin d'y pourvoir promptement.

Je ne peux parler que sur le réquisitoire inféré dans l'Arrêt de la Cour des Aides du 15. Juillet, parce que je n'ai eu connoissance de l'Arrêt du Parlement du 19. que par celui du Conseil du 20. qui l'a cassé ; mais avant que d'entrer en matiere, qu'il me soit permis de faire le tableau de mes principes d'administration depuis 1752. que j'ai l'honneur d'être Intendant de cette Généralité.

L'égalité dans la répartition des impositions m'a paru le plus grand soulagement qu'on pouvoit donner au peuple , & pour y

parvenir autant que cela eſt poſſi-
ble , j'ai tâché d'écarter toutes les
occaſions d'abus dont les privilégiés & les gens riches ou de mau-
vaiſe volonté profitent toujours ,
& j'ai fait différents Réglements
(*) dont les diſpoſitions connues
de tout le Public , offrent une
protection aſſurée contre toutes
les injuſtices ſubalternes & ca-
chées , dont on a ſouvent tant de
peine à ſe préſerver , & j'ai la
ſatisfaction de n'entendre plus de

(*) Inſtruction pour la Milice , du premier
Janvier 1756.

Réglements pour le logement des troupes ,
des ſix Mars & premier Août 1756.

Réglement pour la fourniture des voitures &
chevaux pour la marche des troupes , du premier Juillet 1759.

plaintes particulieres, mais feulement de ces plaintes vagues & générales qui n'ont d'autre fondement que cet efprit de mécontentement, inféparable de toutes les contributions forcées.

Mais c'eſt principalement fur la conſtruction & l'entretien des grandes routes que j'ai apporté une attention particuliere.

Lorſque je fuis arrivé à Caën, on ne connoiſſoit point les corvées d'hommes, on ne connoiſſoit que celles des chevaux, & elles étoient en petit nombre, parce qu'elles étoient proportionnées à la fomme que M. le Contrôleur Général accorde tous les ans ; il ne laiſſoit pas cependant d'y avoir beaucoup de plaintes , parce qu'il y avoit de l'inégalité dans la contribution des chevaux ; il y avoit très-peu de chemins faits : ils font très-néceffaires , tant par rapport à la mauvaife qualité du terrein , que par rapport au Commerce du pays & à fa défenfe. Je pris donc la réfolution d'établir les corvées comme elles ont lieu dans tout le refte du Royaume , & je demandai des liftes fort exactes Paroiffe par Paroiffe , tant des hommes que des chevaux ; mais vérification faite , ces liftes n'étoient ni exactes ni fidelles , en forte qu'en proportionnant les tâches à la force des liftes , certaines Paroiffes

(11)

étoient furchargées , en compa-
raifon des autres qui ne l'étoient
pas affez ; le mal étoit encore
plus grand dans l'exécution ; ceux
qui n'avoient pas réuffi à obtenir
de moi des exemptions mal fon-
dées les obtenoient du piqueur
par crédit ou par argent ; le pauvre obligé d'obéir , au lieu de
travailler , mandioit fon pain ; le
riche pour diminuer fa corvée,
au lieu d'avoir comme auparavant
un grand nombre de chevaux ,
pour en faire commerce , en
retranchoit même fur ce qui lui
étoit néceffaire pour l'exploita-
tion de fon bien , en forte que le
commerce des chevaux (objet
très - important en Normandie)

tomboit totalement & la culture des terres même en souffroit ; d'ailleurs il y a trois efpeces de terres en baffe Normandie, favoir: le pays d'herbages, les bords de la mer & le pays de bocages. Le pays d'herbages fort gras, n'eft point habité, un Fermier de deux mille écus de rente à peine a un cheval & un valet, il n'eft donc pas poffible d'y faire des chemins ; les bords de la mer font plus peuplés, mais ils fourniffent beaucoup de matelots & de pêcheurs, les terres y rapportent plufieurs récoltes, & pour ainfi dire il n'y a pas de jour dans l'année où la corvée ne leur prenne un temps trop précieux; la ftérilité du pays de bocages produit le même effet , parce qu'il faut travailler les terres ſix fois plus que les autres pour en tirer quelques productions , & en général les Paroiſſes ſont ſi étendues que le ſol très-différent dans différents cantons d'une même Paroiſſe , ne permet pas qu'on la commande indiſtinctément pour le même temps à la corvée , & les diſtinctions qui ſeroient néceſſaires à faire étoient une nouvelle ſource d'abus ; il arrivoit donc dans une même Paroiſſe qu'une portion d'Habitans travailloit & que l'autre refuſoit ; il falloit envoyer des garniſons , quelquefois mettre les mutins en priſon , ſouvent refaire l'ouvrage mal fait , quoique les particuliers l'euffent alloué à un prix exceffif, ce qui arrive dans tous les abonnements particuliers, qui par cette raifon font très - nuifibles au recouvrement des deniers royaux ; en un mot plus j'ai donné de foins & d'attentions pour rétablir le bon ordre dans la manutention des corvées, & plus j'en ai reconnu l'impoffibilité & les inconvéniens également funeftes pour le Roi & pour la Province.

Je propofai pour lors de faire faire tous les chemins à prix d'argent par une impofition fur toute la Province, & pour faire voir le foulagement qu'elle en recevroit, je fis l'eftimation de l'ou-

(15)

vrage qui avoit été fait par corvée fur la route de Caën à Villers, pendant l'année 1757, je
fis faire en même-temps la réca-
pitulation du nombre de journées
d'hommes & de chevaux qui y
avoient été employés, & en fup-
pofant qu'on les eut payés le prix
commun, il réfulta de la compa-
raifon que la corvée en nature,
non compris les frais de garnifon,
coutoit à chaque Paroiffe 20.
fols pour livre du principal de
la taille, & que le même ouvrage mieux fait, fans vexation fur
les payfans, fans les détourner
de la culture, n'auroit couté à
chaque Paroiffe que dix fols pour
livre, & la conféquence qui en

réfultoit étoit l'avantage de faire faire les chemins à prix d'argent, parce que cette contribution augmenteroit ou diminueroit rélativement aux autres charges de la Province & fuivant les circonftances de la paix ou de la guerre. Si ce fyftême eut été adopté, il eut fallu néceffairement un Arrêt du Confeil tous les ans ; mais on m'objeéta avec raifon qu'il étoit à craindre que l'impofition faite pour les chemins ne fut appliquée à un autre objet & qu'en ce cas on pourroit rétablir les corvées. Cette réflexion fage me détermina à chercher un expédient qui pût concilier tout, c'eft-à-dire, éviter tous les abus de la corvée

corvée en nature & l'inconvé-
nient de l'imposition en argent.

Le vrai principe de la corvée,
c'est qu'elle est une suite de la
taille , & comme il est injuste
qu'un homme qui n'a que ses
bras pour vivre , travaille gratis
pour le Public & pour un che-
min qui lui est indifférent , autant
qu'un homme riche qui profite
de la beauté des chemins & pour
la facilité de son commerce. Il est
de l'équité que la contribution à
la corvée soit en proportion des
facultés des contribuables ; pour
établir cette différence, la regle la
moins mauvaise que l'on puisse sui-
vre , est la répartition de la taille
qui à la vérité est souvent très-mal

B

fàite, mais qui en général, l'eſt aſſez bien pour que le Fermier & le Propriétaire payent plus que le ſimple Manouvrier.

A ce principe que je crois incontestable, il faut en ajouter un autre, c'eſt qu'il ne faut pas régler la contribution des Paroiſſes ſur la quantité de chemins qu'on juge à propos de faire ; mais au contraire il faut régler la quantité de chemins ſur la force des Paroiſſes & ſur la contribution qu'on en peut exiger raiſonnablement. En partant de ces deux principes réunis & de l'expérience, le nombre de journées en 1757. ſur la route de Caën à Villers, valoit 20. ſols pour livre de la taille de chaque Paroiſſe , & le même ouvrage fait par des Entrepreneurs n'auroit couté que 10. ſ. pour livre de la Taille ; je conclus que ce ſeroit un grand ſoulagement pour les Paroiſſes de ne leur demander d'ouvrage que pour cinq ſols pour livre , (†) par exemple une Paroiſſe paye 1200. liv. de taille , ce n'eſt pas la vexer que de lui demander pour 300. liv. d'ouvrage ; ce n'eſt pas cent écus qu'il faut lui demander, mais l'ouvrage qu'un Entrepre-

---

(†) Il en coute dans l'Election de Caën 5. ſ. pour livre de la taille , parce que toutes les routes y ſont faites & qu'il y a beaucoup à entretenir ; mais dans les autres Elections il n'en coute que 2. 3. & 4. ſols.

B ij

neur feroit pour cent écus , lui donner le choix de faire l'ouvrage en nature ou de payer les cent écus, lui donner le temps compétent pour faire l'ouvrage en nature ; mais le délai paffé , fi elle n'a point travaillé faire faire l'ouvrage à fes frais dont l'eftimation fe trouve faite d'avance , afin que la Paroiffe qui en connoît l'objet foit plus en état de choifir, & fi elle trouve un Entrepreneur qui veuille le faire à meilleur marché , qu'elle puiffe en profiter.

Dans ce fyftême il n'eft plus queftion de liftes d'hommes ni de chevaux , plus d'injuftices de la part des Syndics , plus de friponneries de la part des piqueurs , plus de contrainte ni de garnifon ni d'emprifonnements, plus de mendicité ni de fainéantife fur les grands chemins, (parce que fi les Paroiffes travaillent, c'eft de bonne volonté, fi elles ne travaillent pas tout eft payé,) plus de gêne dans le commerce des chevaux ni dans la culture des terres, plus d'inégalité dans la contribution des pauvres & des riches (puifque fi la Paroiffe travaille, le manouvrier en fera quitte pour un jour & demi, fi elle ne travaille pas, il ne payera que 12. fols,) & un avantage ineftimable, c'eft 1°. qu'on évite l'abus des privilégiés qui font fixés fur la taille. 2°. Qu'on trouve le moyen de faire des chemins dans les pays qui manquent d'hommes & de chevaux. 3°. Dans les calamités publiques, au lieu de suspendre les travaux des chemins, plus on les augmentera & plus on soulagera les pauvres, en leur procurant des moyens de gagner leur vie.

Cette contribution en argent, n'étant que la peine légitime du refus du travail en nature, ne peut être regardée comme une imposition & la délibération de la part des Paroisses n'est pas né-cessaire, lorsque le temps com-pétent fixé pour faire l'ouvrage en nature est passé, puisque c'est un usage immémorial & nécef-

(23)

faire , en fait d'adminiftration ;
de punir la défobéiffance dans les
contributions , en les faifant faire
aux frais des rebelles , qui fup-
portent même de plus des frais de
contrainte & de Procès-verbaux.

Il ne refte donc plus de difficul-
té que pour affurer la bonté de
l'ouvrage , en faveur des Paroiffes , & le payement aux Entrepreneurs , & c'eft à quoi il eft
fuffifamment pourvu , en ne les
faifant payer qu'à mefure de l'ouvrage fait & en les faifant payer
directement par les Paroiffes qui
font à portée de veiller fur les
Entrepreneurs & de voir s'ils
rempliffent les conditions auxquelles elles feroient affujetties fi

elles faiſoient l'ouvrage en nature comme elles en ont la liberté.

Tels ſont les principes & les vues du bien public ſur leſquels j'ai fait l'Ordonnance du 10. Mars 1758. dont toutes les diſpoſitions annoncent l'alternative des tâches en nature ou à prix d'argent , au choix libre des Paroiſſes ; alternative qui écarte toute idée d'im-poſition. J'en ai conféré auparavant avec M. de Trudaine , qui m'a fait des difficultés ſeulement ſur les plaintes que le Public pour-roit porter ; mais je les ai levé ces difficultés, en conſultant dans la Province toutes les perſonnes raiſonnables dans tous les ordres, & non ſeulement ils ont approuvé

(25)

mon fyſtême , mais même ils l'ont
deſiré , tous les pauvres ont été
foulagés , les riches n'ont oſé ſe
plaindre , la plus grande partie
des Paroiſſes au nombre de 639.
(*) m'ont préſenté des Requêtes
portant conſentement de l'abonnement ; cela ne m'a pas ſuffi ,
j'ai exigé des délibérations en regle , parce que le délai pour faire
l'ouvrage en nature n'étoit pas
paſſé , toutes les autres ont laiſſé
paſſer le délai ſans travailler , ce
qui eſt un conſentement & un
abonnement tacite, à l'exception
de neuf Paroiſſes ſeulement qui

____

(*) Ces 639. Paroiſſes font plus des deux
tiers de celles qui ont à travailler dans la Généralité , compoſée de 1230.

ont travaillé , mais il y en a trois qui se sont abonnées en 1760.

Je peux donc me flatter que j'ai eu l'approbation générale du Public & pas une seule plainte depuis deux ans & demi que mon Ordonnance s'exécute ; il est vrai cependant que depuis six mois quelques herbageurs qui n'avoient point de chevaux & quelques Fermiers considérables, qui dans l'ancienne méthode abusoient du crédit de leurs maîtres ou de leur argent auprès des piqueurs & Syndics de Paroisses , ont cru le temps favorable pour murmurer , & sans doute dans la vue d'avoir un prétexte pour mal payer leur Maître, ils ont hazardé de dire que le prix de la tâche en argent étoit trop cher , que si tout le monde étoit admis à être Entrepreneur, on en trouveroit à meilleur marché , que d'ailleurs le Roi avoit défendu de faire des chemins pendant la guerre ; mais personne ne s'est plaint de la nouvelle méthode , je suis même persuadé que si l'on vouloit revenir à l'ancienne , tout le monde s'y opposeroit & qu'on useroit peut-être inutilement de violence pour y parvenir.

J'ai répondu aux gens qui m'en ont parlé : 1°. à l'égard des entretiens , qu'il falloit faire attention que je les avois donné pour trois ans qui expiroient au premier

Mars 1761. qu'il n'étoit pas poffible d'y rien changer, parce que
le prix courant qui paroiſſoit trop
fort cette année qui eſt la troiſie-
me , étoit trop foible la premiere
année , à cauſe des grandes répa-
rations qu'il y a toujours à faire
fur les chauſſées neuves. 2°. Que
ce feroit nuire aux Paroiſſes que
de rompre l'entretien à préſent ,
parce que les Entrepreneurs
étoient tenus de rendre les routes
en bon état au 15. Mars , après
le tranſport des Cidres dont les
Voitures à deux roues & d'une
péſanteur énorme , défoncent les
routes tous les ans. 3°. Que l'in-
tention du Roi , qui à la vérité
n'avoit pas été manifeſtée par un

Arrêt, mais par une Lettre de M. le Contrôleur Général, étoit qu'on entretint les routes faites, pour éviter par la suite un rétablissement aussi ruineux qu'une nouvelle construction, & qu'il m'étoit ordonné de faire certaines parties de chemins qui étoient essentielles pour la communication des troupes. 4°. Qu'il étoit dangereux d'admettre toute sorte d'Entrepreneurs, parce que d'un côté ceux qui ne seroient pas au fait feroient du mauvais ouvrage & exposeroient les Paroisses à payer deux fois, & d'un autre côté qu'un Entrepreneur particulier pour une Paroisse seroit certainement plus cher qu'un Entrepreneur Général pour un plus grand nombre de Paroiſſes ; en effet , un Entrepreneur qui travaille pour 200. Paroiſſes , peut ſe contenter d'un profit de 6. liv. par Paroiſſe , parce que cela lui vaut 1200. livres , au lieu qu'un Entrepreneur particulier pour une Paroiſſe ne peut pas ſe contenter d'un bénéfice auſſi modique ; cependant pour détruire tout ſujet de plaintes & un préjugé qui pourroit faire tomber mon ſyſtême ſur les corvées , qui eſt le ſeul praticable dans une Province , dont la plus grande partie manque d'hommes & de chevaux , j'ai rendu une nouvelle Ordonnance , à mon retour de

Paris, le 14. Juin dernier, par laquelle j'établis dans chaque Éle-ction une Adjudication au rabais pour la corvée de chaque Paroif-fe lorfqu'elle n'aura pas voulu la faire en nature & j'y admets tous Entrepreneurs ayant caution fol-vable, autre que la Paroiffe.

Sans doute que la Cour des Aides & le Parlement de Rouen n'en avoient pas connoiffance lorfqu'ils ont rendu les Arrêts que le Confeil vient de caffer. Le ré-cit fimple & exact que je viens de faire de mes principes d'admi-niftration & de leur exécution fuffit, je crois, pour répondre au Réquifitoire de M. le Procureur Général de la Cour des Aides,

qu'on peut réduire à quatre pro-
pofitions. 1°. Il fe récrie fur ce
que le Roi a fait ceffer les travaux
publics , mais M. le Contrôleur
Général fait les ordres particuliers qu'il m'a donné ; & je ne
fais travailler qu'aux parties de
chemins qu'il a prefcrit lui-même.
2°. Il prétend que l'abonnement
ne peut être regardé comme con-
fenti par les Paroiffes , fans délibération au préalable des Habitans , & que l'ouvrage ne peut
être fait par un Entrepreneur fans
une adjudication en regle , mais
j'ai établi ci-deffus que j'avois toujours exigé des délibérations en
regle , lorfque le temps limité
pour la corvée en nature n'étoit

pas

pas expiré & que j'ai les délibérations de 639. Paroisses; mais le terme expiré, le défaut de travail & de réclamation de la part des Habitans, est un consentement tacite à subir la peine prononcée par le Mandement, qui fixe la tâche en nature; à l'égard des adjudications, j'y ai pourvu par mon Ordonnance du 14. Juin dernier. 3°. M. le Procureur Général avance que le prix du salaire de l'Entrepreneur est fixé sur le prix de son estimation, & payé sur la complaisance du sous-Ingénieur, qui donne un certificat de l'ouvrage fait; mais les Entrepreneurs ne font point l'estimation, c'est l'Ingénieur de la

Province , qui en envoye l'état à M. de Trudaine , d'ailleurs il y eſt pourvu par mon Ordonnance du 14. Juin , qui admet les adjudications au rabais. A l'égard de la complaiſance du ſous-Ingénieur dans ſes certificats , c'eſt une imputation vague , je n'en ai jamais eu aucune plainte. J'ai vu par moi-même tous les chemins bien entretenus , & les Paroiſſes y ſont trop intéreſſées pour ne pas ſaiſir une occaſion auſſi favorable pour différer le payement. 4°. M. le Procureur Général avance que l'Impôt pour le travail des chemins eſt arbitraire , ſans qu'il en ſoit rendu aucun compte , que les plus ſolvables d'une Paroiſſe ſont obligés & contraints d'en faire les avances & de payer comptant l'Entrepreneur , & que le pauvre peuple en eſt ſurchargé ; mais on a vû ci-deſſus , 1°. que ce n'eſt point un impôt , puiſqu'il y a des Paroiſſes qui font leur tâche en nature ; 2°. qu'il n'eſt point arbi-traire , ſoit en nature , ſoit en argent , la corvée eſt répartie au marc la livre de la taille , 3°. dès que ce n'eſt point impôt & qu'il n'y a point de caiſſe , il ne peut ni ne doit y avoir de comp-te , parce qu'il n'en faut point , ſoit pour un abonnement volon-taire , ſoit pour une amende ; 4°. il eſt vrai que les plus ſolva-bles d'une Paroiſſe font les avances ; mais fi l'Entrepreneur n'étoit pas payé comptant à mefure de l'ouvrage, il fe feroit payer beaucoup plus cher, l'avance des plus folvables tourne au foulagement des pauvres , & ces pauvres qu'on prétend furchargés ne payent que douze fols , au lieu de huit jours de travail qu'ils étoient obligés de faire dans l'ancienne méthode , & comme les avances ne font jamais faites par les Collecteurs des tailles ni par les prépofés du vingtiéme , cela ne nuit point au recouvrement des deniers royaux, que ma nouvelle méthode facilite d'ailleurs , puifqu'elle fait gagner de l'argent aux miférables , qui naturellement ne font pas en état de payer leur taille , les riches même en tirent l'avantage de louer leurs harnois dans des temps d'oifiveté & d'en retirer plus d'argent qu'ils n'en payent pour leur contribution.

J'efpere que l'on fera perfuadé de la bonté de mon opération , fi on veut bien faire attention que mes deux Ordonnances des 10. Mars 1758. & 14. Juin 1760. confervent toujours aux Communautés la liberté de faire leur tâche en nature , & que ce n'eft que leur refus qui oblige de les faire faire par entreprife ; ce n'eft pas que je prétende qu'il n'y ait aucun abus , quelle eft la partie d'adminiftration qui n'ait fes inconvénients ? mais je fuis convaincu par une expérience fuivie que de toutes les méthodes fur les corvées , la mienne a le moins d'inconvénients & je crois pour y parvenir avoir épuifé toutes les reffources de la combinaifon. Je defire cependant que le Confeil examine de près une affaire qui fait autant de bruit & qu'il envoye des Commiffaires fur les lieux , pour interroger les Communautés , conftater les faits, comparer la quantité de chemins que j'ai fait faire & entretenir chaque année , avec l'état arrêté au Confeil & dont le tableau eft ci-joint , juger de l'eftimation des tâches données aux Paroiffes

depuis trois ans, en un mot éclai-
rer le *Public* fur mon adminiftration ; s'il y a eu quelques friponneries de la part de quelque Entrepreneur, ou de qui que ce
foit, je demande une Commif-
fion pour le juger & qu'on m'accorde la fatisfaction de le condam-
ner, & peut-être aurai-je celle
de voir ma méthode, après un
examen fcrupuleux, mériter d'ê-
tre pratiquée dans d'autres Pro-
vinces, & cette efpérance feule
peut me confoler de l'efclandre
qu'on vient de faire, & à laquelle
je n'ai donné lieu que pour avoir
cherché à faire le bien, & fi j'ofe
le dire, pour l'avoir fait, puifque je fuis parvenu à faire une

répartition plus jufte de la corvée en nature , & que fans l'abolir , j'ai donné aux Paroiffes la liberté & la facilité de faire faire leur tâche à prix d'argent , fans impofition forcée & en leur épargnant les frais de contrainte & des condamnations auxquelles elles étoient expofées auparavant lorfqu'elles n'avoient pas fait , ou qu'elles avoient mal fait leur ouvrage.